## 本册编委会

主　编：戴进业　周　婷
副主编：马清温　陈如江　韩克勤　郭　毅
编　委（以姓名笔画为序）：
　　　　马　达　马清温　白勇军　乔侬轮　李承森　肖　方　陈如江
　　　　周　婷　徐　康　高　峰　郭　毅　韩克勤　戴进业

## 引 言

　　由联合国教科文组织命名的中国雷琼世界地质公园（海口园区）位于海南岛北部。它恰似一座火山地质遗迹的博物馆，各种各样的地质现象讲述着16万年至8100年前火山喷发的故事。在火山炽热的岩浆无情地吞噬着山野的时候，当相伴的强烈地震摧毁家园的时候，居住在这里的人们被迫背井离乡，远走他方。待到火山活动平息后，人们利用火山岩石重建家园，开拓新农田，休养生息，用勤劳的双手创造了一个新天地。一个"火、山、人"三个字融为一体的标识囊括了人类与大自然互动的全部经验。世代生活在这里的火山人留下了与大自然和谐相处的故事。打开这些故事的宝匣，我们可以认识地质构造运动所演绎的地球演化过程和内在机制，学习先民浴火重生、开拓新生活的精神和经验，顺应大自然的发展规律建设好人类家园。

　　本册将带您考察雷琼火山群，探秘神奇的地质遗迹，认识火山活动对生态环境与人类生活的影响。

马鞍岭火山口航拍图

## 概 要

第一节　雷琼火山群地质地貌 / 5

第二节　火山生物 / 28

第三节　火山村与火山文化 / 42

中国雷琼海口火山群世界地质公园
CHINA LEIQIONG GLOBAL GEOPARK
HAIKOU VOLCANIC CLUSTER

海口火山群徽称

# 研学区域

海口市（北纬19°31′～20°04′，东经110°07′～110°42′）别称"椰城"，已有上千年历史。海口市位于海南岛北部，北临琼州海峡，与广东海安镇隔海相望，直线距离为18公里。海口南北长62.5公里，东西宽60.6公里，陆地面积约2296.82平方公里。海岸线136公里，海岸平缓、开阔，沙岸带沙细洁白，海水清澈，常年风轻浪平。

雷琼火山群位于琼州海峡南北两侧，以第四纪火山遗迹丰富多彩、保存完好著称。火山类型几乎涵盖了玄武质岩浆爆发、溢流与蒸汽岩浆爆发的所有类型，可识别的火山口有101座。雷琼火山群属于休眠火山群，200万年以来至少有8次火山喷发活动，最后一次喷发约在0.8万年前。雷琼火山群保存的火山遗迹不仅对研究火山活动、地质构造、地形地貌具有重要科学意义，也是青少年开展研学实践活动的良好基地。

雷琼火山群地处热带至南亚热带过渡区，具有动植物种类与生态群落的独特性和多样性，也是我国热带地区及向南亚热带过渡地区的生物群落典型地。海口第四纪火山遗迹在热带海岛环境中构成了"热带城市火山生态"景观。海口石山镇火山地区早期人类活动与火山环境密切相连，当地先民的土著文化与古越、闽文化相互交融渗透，丰富了海南极具特色的热带海岛文化。

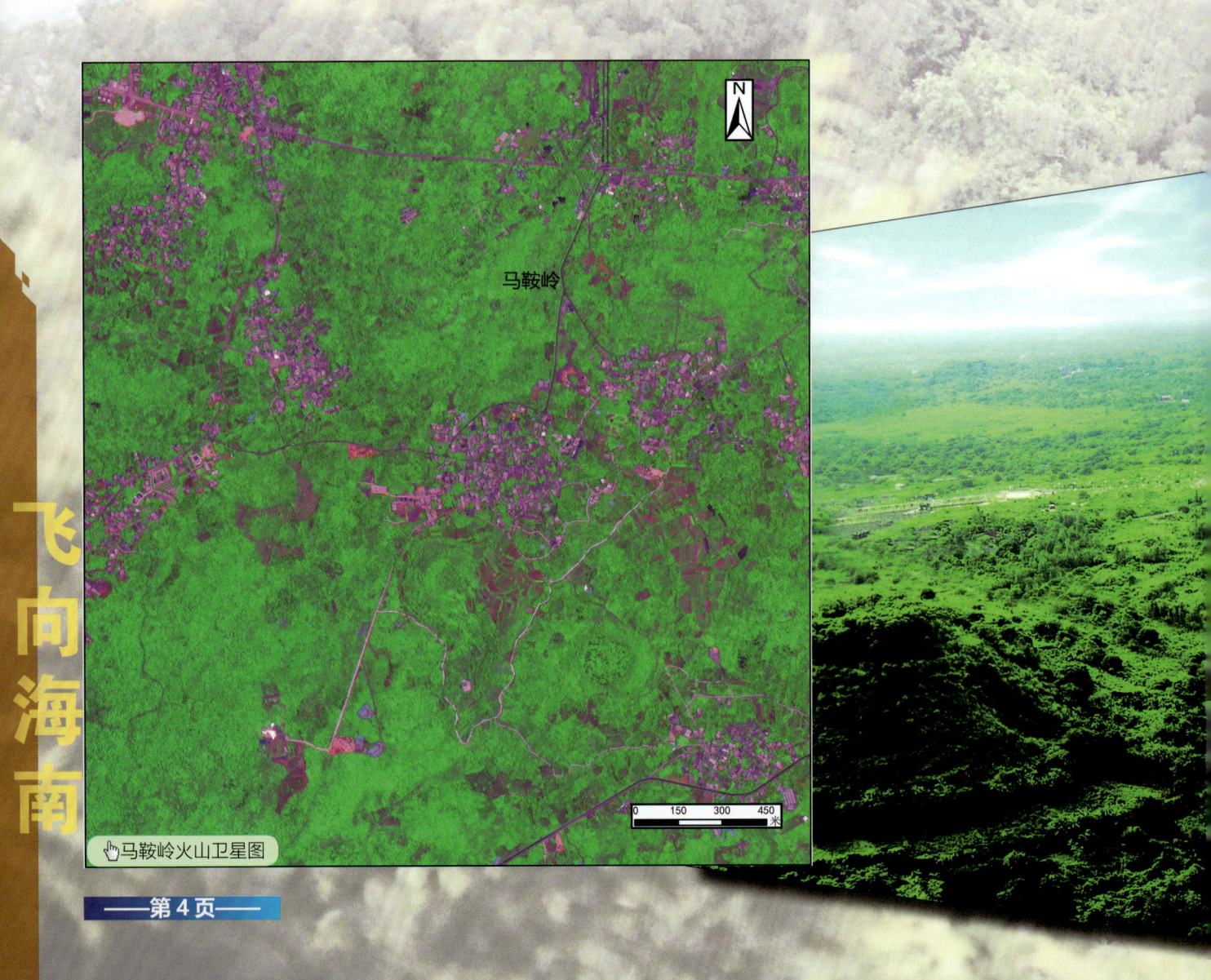

马鞍岭火山卫星图

## 第一节
# 雷琼火山群地质地貌

【关键词】 火山　火山口　火山喷出物　火山地质遗迹
【知识点】 结壳熔岩　熔岩流　熔岩隧道　玄武岩台地　玛珥湖型火山口

## 研学地点

中国雷琼世界地质公园（海口园区）
海口市石山镇火山文化村

马鞍岭火山群航拍图

马鞍岭火山景区

海南海口石山
国家地质
中华人民共

Shishan Volcanic
National Geopark

Ministry of La

火山地质公园

# 研学背景

当乘飞机由北向南飞越雷州半岛、掠过琼州海峡、即将降落海口美兰国际机场时，我们会发现机腹下方有一片郁郁葱葱的热带雨林，雨林之中突兀而起的许多顶端平坦而中心凹下的小山，就是著名的海口火山群。点缀在雨林中的一座座锥形火山口就像是绿色海洋中的翡翠，灿烂夺目，引起人们探索的欲望。这片绿色海洋中还散落着一片片的民居村落，当地人民在火山岩风化后形成的土地上种植稻米、水果、蔬菜，在玄武岩台地上放养火山羊等牲畜，好一派祥和的自然景观。

中国雷琼世界地质公园是由联合国教科文组织于2006年批准设立的，由海口园区（海南海口石山火山群国家地质公园）、湛江园区（广东省湛江市湖光岩国家地质公园）和北海园区（广西壮族自治区北海涠洲岛火山国家地质公园）三个园区共同组成，总面积为379平方公里。

海南海口石山火山群国家地质公园位于海口市西南郊石山镇一带，由40余座火山组成。从北部的一字岭到南部的罗京盘，从东部的美本岭到西部的卧牛岭，火山群处于裂谷型火山带，总面积超过100平方公里。这是自新生代更新世晚期（约16万年前）以来，岩浆多次喷发而形成的火山群。风炉岭火山为主火山，最后一次喷发约在8100年前，属于休眠火山。保存如此完美的火山群，特别是城市休眠火山地质遗迹具有很高的科学研究价值和旅游观赏价值，为研究和体验藏匿在宁静的玄武岩背后的故事提供了难得机会。

广东省湛江市湖光岩国家地质公园位于雷州半岛北部，以湖光岩玛珥湖型火山口，以及湖周围的环形火山岩石丘地质遗迹为主。湖光岩玛珥湖形成于距今16万~14万年前火山活动时期。典型的环形丘由火山碎屑岩构成，其临湖一侧是陡壁，而另外一侧则为平缓山坡。这是国内最典型的"玛珥湖"。湖底沉积物厚约50米，真实记录了雷琼地区10多万年以来古气候与古环境的变化。

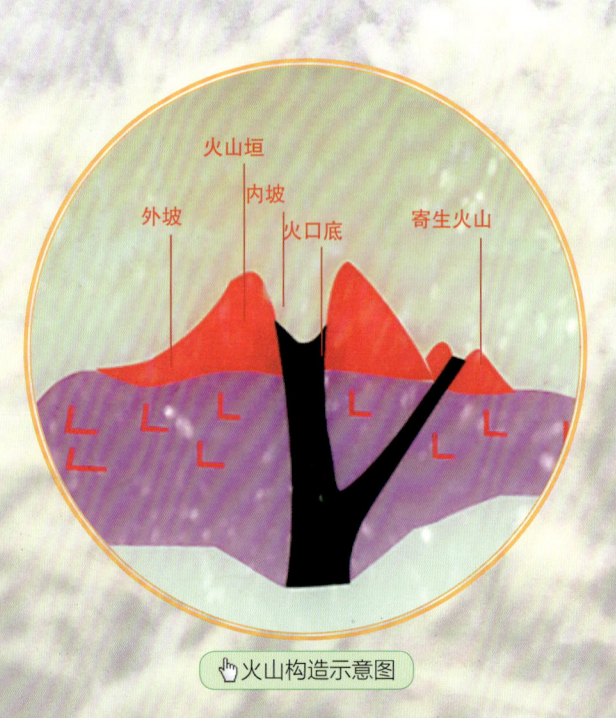

广西壮族自治区北海涠洲岛火山国家地质公园位于北部湾中部，北临广西北海市。在距今250万至7000年期间，涠洲地区发生了至少四期数以百次的

火山构造示意图

不同结构的火山岩石

◊ 马鞍岭火山景区

基性火山喷发活动，造就了海岛上的岩石主体。海水与海岸岩石相互作用，构建了涠洲岛丰富多彩的海蚀、海积、海滩地貌，形成了玄武岩台地，台地之上覆盖着一层紫红色玄武岩风化物。

## 研学知识

### 1. 火山与火山的形成

火山爆发是地球运动中一种常见的地质现象，也是一种宇宙自然现象。深空探测器发现，月球、火星、金星、木卫一上均有火山活动。地球地壳之下100～150公里处，有一个液态区，饱含有高温、高压、含有气体挥发成分的熔融状硅酸盐物质，我们称之为"岩浆"。当岩浆从地壳薄弱的地段或者裂隙中冲出地表时，就形成了火山喷发。火山喷发时，炽热的气体、液体或固体物质沿地壳裂缝从地下突然冒出。这些物质堆积在地表开口的周围，形成一座锥形山头，这种锥形的山头或山体就被称为火山。火山岩浆喷发通道是一条从地幔或岩石圈到地表的管道。火山岩浆喷出物大多堆积在火山口附近，而那些微细颗粒可以冲上高空，被大气环流所携带，扩散到几百乃至上千公里以外的地方。

◊ 结壳熔岩

## 链接　火山喷发状况和火山分类

### 火山喷发状况

火山喷发状况可以分为裂隙式喷发（冰岛型火山）、中心式喷发和熔透式喷发：

（1）裂隙式喷发是岩浆沿着地壳上的巨大裂缝溢出地表。这类喷发没有强烈的爆炸现象，喷出物多为基性熔浆，冷凝后往往形成覆盖面积广的熔岩台地，如我国西南地区的二叠纪峨眉山玄武岩。

（2）中心式喷发是岩浆通过管状火山通道喷出地表。这是现代火山活动的主要形式。它又可以分为宁静式（夏威夷式）喷发、爆烈式（培雷式）喷发和中间式（斯特朗博里式）喷发。雷琼火山群即属于此类型。

（3）熔透式喷发是岩浆熔透地壳后大面积地溢出地表。这是一种古老的火山活动方式，主要见于远古地质历史时期，现代已不存在。

### 火山分类

根据火山活动情况，火山可以分为活火山、死火山和休眠火山［火山（volcano）一词源于拉丁语volcanus］：

（1）活火山（active volcano）是指正在喷发和预期可能再次喷发的火山，正处于火山活动的旺盛时期。例如，美国夏威夷火山百年来持续喷发；印度尼西亚爪哇岛上的默拉皮活火山，21世纪以来平均间隔两三年就要喷发一次。

（2）死火山（extinct volcano）是指曾经喷发过，而在人类有史以来一直未有活动过的火山。此类火山保持着完整的火山形态，但是已经丧失了活动能力，或者在遭受风化侵蚀作用后只剩下残缺不全的火山遗迹，如山西大同火山群。

（3）休眠火山（dormant volcano）是指曾经喷发过，长期以来处于相对静止状态的火山。此类火山都保存有完好的火山形态，仍然具有火山活动能力。例如，长白山天池火山曾于1327年和1658年两度喷发，在此之前还有多次活动，目前虽然没有喷发活动，但从山坡上的喷气孔中还不断喷出高温气体，属于处于休眠状态的火山。海口石山火山群也属于休眠火山。

这三种类型的火山之间没有严格的界限。休眠火山可以复苏，死火山也可以复活，并不是一成不变的。如今地球上的死火山约有2000座；活火山有523座，其中陆地上有455座，海底有68座。火山在地球上的分布是不均匀的，大多位于地壳板块的缝合线和板块中的断裂带上。

马鞍岭火山景区仰望火山口图

## 2. 火山地质遗迹

　　海口石山火山群中的结壳熔岩展现出千姿百态的形状，如绳索状、扭曲状、卷包状、珊瑚状，有的像俯卧的雄狮，有的像仰天怒吼的猛虎，有的像伏地呆萌的小狗，有的像可爱的猫咪，有的像盛开的花朵——如此等等，无奇不有。海口石山火山群的结壳熔岩成为熔岩雕塑之集大成，让人无限地去感悟、去猜想、去领略大自然之美。刺破蓝天的翠绿锥体、宛如明珠的玛珥湖就是火山口的遗迹。一条条带状延伸的玄武岩熔岩流就是岩浆火龙安静下来的形态。神奇的龟背石、熔岩丘、翻花石海、喷气孔、熔岩隧道等都是火龙游动过程中留下的痕迹。海口石山火山群火山地质遗迹中保存了大量的熔岩构造，结壳熔岩、岩浆溅落抛射物、熔岩隧道等地质现象，构建了第四纪火山天然博物馆。

绳索状熔岩

塌陷的熔岩隧道

## 结壳熔岩

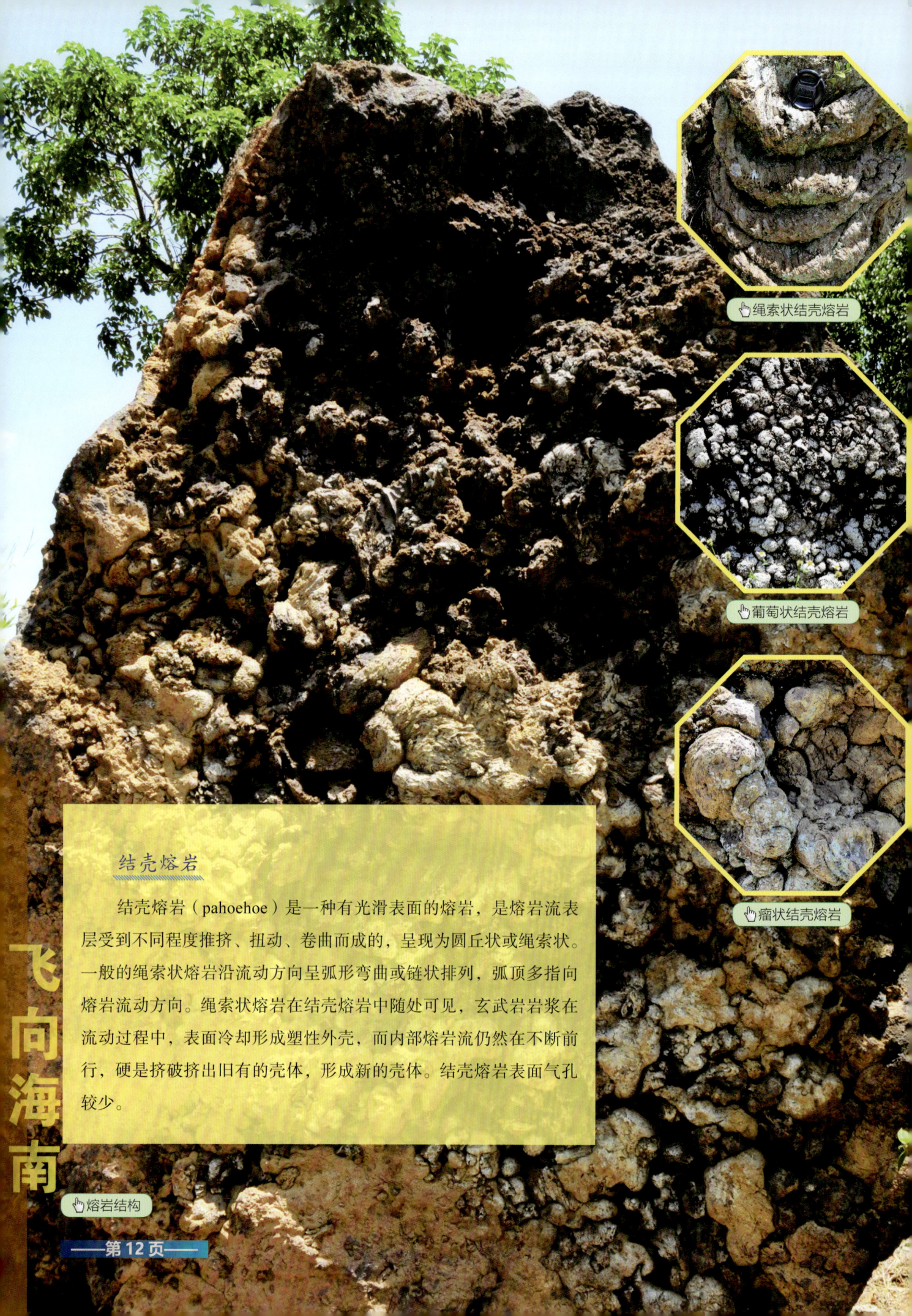

　　结壳熔岩（pahoehoe）是一种有光滑表面的熔岩，是熔岩流表层受到不同程度推挤、扭动、卷曲而成的，呈现为圆丘状或绳索状。一般的绳索状熔岩沿流动方向呈弧形弯曲或链状排列，弧顶多指向熔岩流动方向。绳索状熔岩在结壳熔岩中随处可见，玄武岩岩浆在流动过程中，表面冷却形成塑性外壳，而内部熔岩流仍然在不断前行，硬是挤破挤出旧有的壳体，形成新的壳体。结壳熔岩表面气孔较少。

绳索状结壳熔岩

葡萄状结壳熔岩

瘤状结壳熔岩

熔岩结构

飞向海南

## 熔岩隧道

熔岩隧道是火山喷发过程中形成的一种地质结构。当炽热的岩浆从火山口溢出地表后，岩浆流顺着地势流动，岩浆流表面很快冷却而固结成壳，如果没有后续的新岩浆补充，固结外壳的内部便会成为类似隧道的空洞。熔岩隧道洞口一般呈拱形，底面平坦，顶部常悬挂熔岩钟乳。海口石山火山群内熔岩隧道数量众多，已发现了30多条，最长超过2000米，隧道内部形态和微结构丰富多样，极具科学研究和观赏价值。

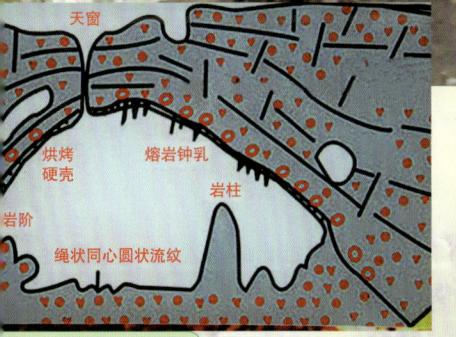

熔岩隧道

熔岩隧道示意图（天窗、烘烤硬壳、熔岩钟乳、岩柱、岩阶、绳状同心圆状流纹）

熔岩隧道内的钟乳构造

熔岩隧道内壁结构

## 熔岩丘

熔岩丘又称熔岩冢。熔岩流中局部有气体聚集或在流经湿地时熔岩流局部形成气囊，在气体作用下，熔岩流表面隆起形成了一种熔岩构造，叫作熔岩丘。熔岩丘多呈圆丘形，中间有通气孔，顶部和侧面常裂开，像个开花馒头，通常直径为5～7米，高为2～4米。

熔岩丘

第二册 雷琼火山群与火山文化

锥形火山体

## 3. 火山喷出物

　　火山活动喷发出来的物质可分为气体、液体、固体三大类。气体喷发物中以水汽最多，占60%～90%，其他成分有二氧化碳、一氧化碳、硫化氢、二氧化硫、氯化铵、氮气等。火山活动前后及喷发过程中都可能有气体喷出。液体喷发物以各种炙热的熔岩为主，按照成分可以分为超基性、基性、中性、酸性、碱性等不同类型的岩浆。熔岩冷却凝固后形成的岩石称为火山岩或喷出岩。固体喷发物就是由火山口喷射到空中的熔岩碎块、围岩碎块，总称为火山碎屑物。按照碎块的尺寸大小，固体喷发物可以分为火山灰、火山渣、火山砾、火山弹、火山集块等。

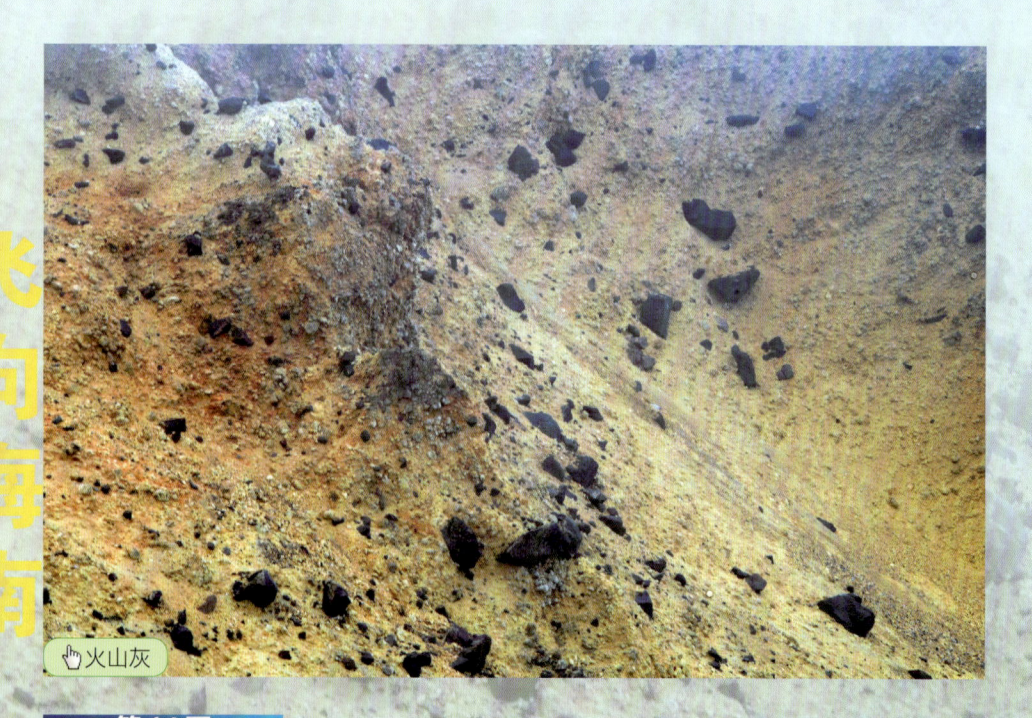

### 火山灰

　　在火山喷发过程中，石块和熔岩被破碎分解成细微的小碎石和矿物颗粒，它们被强大的冲击力带入空中，而后降落到地面形成火山灰。火山灰包含破碎岩石、矿物、火山玻璃等颗粒，直径小于2毫米。火山灰常常呈深灰、黄、白等颜色。火山灰不溶于水。

火山灰

飞向海南

第14页

火山渣

### 火山渣

火山渣是火山喷发出的炉渣状碎屑的统称。当含有空气的岩浆被喷出后，由于压力减小，溶解在岩浆里的空气要离开岩浆而产生很多气泡，这些气泡被冷却成固态的岩浆所包住，就形成有很多气孔的火山渣。多孔的火山渣多用作建筑装饰材料。

### 火山砾

火山砾是指直径为 0.2～6.4 厘米的火山喷发碎屑。同源火山砾由新鲜岩浆喷出物组成，其他火山砾则由早期同源或异源的已经固结的岩石组成，或由在空中的玄武质火山灰逐步凝结增大而成。火山砾的形状不规则，接近于圆形。

火山砾

## 火山弹

火山弹是指火山喷发时熔岩被抛到空中，在快速旋转飞行过程中经迅速冷却而形成的岩石团块。火山弹的形态多种多样，常为纺锤形、椭球形、梨形、麻花形、流弹形和不规则形等，尺寸差别很大，一般长轴为5~50厘米。火山弹多含气孔构造，外壳往往为玻璃质。火山弹的成分以基性熔岩为主，酸性熔岩的火山弹比较少见。

👆 火山弹

## 火山集块

火山集块又称火山块。火山锥上早期固结的熔岩体常常会被后期火山活动再次破碎成火山集块。同源火山集块是火山口内已经固结的岩石被后期火山喷发的岩浆所破碎。火山集块会具有锋利的棱角，而不具有火山弹那样的外形和内部构造。

👆 火山集块

👆 火山玄武岩柱状体

### 链接　火山喷发过程

火山喷发可以分为三个阶段。

**第一阶段：气体爆炸**

在地下岩浆向上运移处于喷发孕育阶段时，由于岩浆里的气体析出和伴随的地震作用，岩浆体内的气体析出量不断增加，岩浆体积膨胀，密度减小，岩浆内部压力增大，当岩浆内部压力大大超过外部压力时，就会在上覆岩石的裂隙处发生猛烈爆炸，造成岩石破碎，打开火山喷发通道，将岩石碎块喷出，紧接着就是岩浆喷发。

**第二阶段：喷发柱形成**

气体爆炸所造成的极大喷射力将岩浆通道里的岩屑和深部岩浆喷向高空，形成了岩浆喷发柱。喷发柱可以分为三个区。

（1）气冲区。气冲区位于喷发柱下部相当于喷发柱的1/10高度处。因为气体从火山口冲出时的速度和力量巨大，岩浆通道里的岩块等物质被抛向高空。火山喷发出来的气流射向高空时，由于大气压力减小和喷气能量消耗，气流速度逐渐减缓，被冲到高空的物质按照其重量大小在不同的高度开始降落。

（2）对流区。对流区位于气冲区上部，随着喷发柱气冲速度减慢，气柱中的气体向外散射，大气中的气体不断加入，形成了喷发柱内外气体对流，因此称其为对流区。在该区内，密度大的物质落下，密度小的物质靠大气浮力继续上升。对流区的气柱高度约占柱体总高度的7/10。

（3）扩散区。扩散区位于喷发柱顶部。在此区内，喷发柱与高空大气压力达到基本平衡状态，喷发柱内的气体和密度小的物质沿水平方向扩散，故称其为扩散区。被带入高空的火山灰可以形成火山灰云，长时间飘浮在空中，给区域气候带来很大影响，甚至造成灾害。扩散区的气柱高度占柱体总高度的2/10。

**第三阶段：喷发柱塌落**

喷发柱在上升过程中所携带的不同粒径和密度的火山碎屑物依照自身重量的不同，分别在不同高度塌落。决定喷发塌落的因素有4个：①如果火山口半径大，则气体冲力小，喷发柱塌落得就快；②如果喷发柱中岩屑含量高，且粒径和密度大，喷发柱塌落得就快；③如果喷发柱中从空中返回的岩屑多，喷发柱塌落得就快；④如果喷发柱中有地表水加入，密度就会增大，喷发柱塌落得就快。反之，喷发柱在空中停留时间长，喷发柱塌落得就慢。

火山喷发的形式多种多样，夏威夷基拉韦厄火山的喷发是一种喷发形式，熔岩静静地缓慢流动，破坏力有限，不危及人的生命。印度尼西亚喀拉喀托火山的喷发又是另外一种喷发形式（剧烈喷发），蒸气爆炸造成人员重大伤亡。

火山岩石

链接 **火山活动的利弊分析**

　　火山的喷发无疑会破坏生态环境，炽热的熔岩流会烧毁地表的一切有机物，造成人类伤亡和动植物的毁灭。高空弥漫的火山灰会阻挡日照，带来极端的天气，如形成强烈的降雨，甚至会影响全球气候的变化。但是，火山活动也会给人类带来有利的生存条件。首先，火山岩浆冷凝后的火山岩是非常好的建筑材料，火山活动还会形成许多金属矿藏（如金、银、铜等），许多宝石资源也与火山活动有关，如欧泊、紫晶、玛瑙、鸡血石、寿山石等。此外，火山活动还可以带来丰富的地热资源，既可以让人们享受温泉带来的舒适，又是一种清洁的可再生能源。其次，火山活动对自然景观的形成也有很大影响，经常会在火山活动比较强烈的地区形成旅游的热点，吸引众多的游客，给当地的经济发展带来很多好处。在偏僻的农村，火山爆发后能给农田盖上不到20厘米厚的火山灰，这些火山灰富含的养分能使土地更肥沃，对农民来说这可是喜从天降。

👆 火山口内的植被

链接 **破火山口**

　　破火山口（caldera，在西班牙语中 caldera 意为罐或大锅）是指在火山顶部形成的圆形凹陷。在火山喷发后期，岩浆后撤，岩浆中的气体往往在火山口上部形成空洞，起支撑作用的岩浆丧失而造成先期冷凝的岩浆构造塌陷，形成一口巨大的锅底状的凹陷，直径在1英里[①]左右。风炉岭火山口即为破火山口。

---

① 1英里≈1.6公里。

飞向海南

👆 风炉岭火山口航拍图

▲ 马鞍岭火山群航拍图

### 4. 马鞍岭火山家族

在海口市西南约 17 公里处是海口制高点，海拔为 222.8 米。这个制高点就是风炉岭火山的顶端。马鞍岭火山家族由 4 座火山组成，即南锥风炉岭火山口、北锥包子岭火山口，以及旁侧的两个寄生小火山（又称眼镜岭，被誉为"火山圣婴"）。这里的火山喷发形式为中心式喷发，风炉岭火山的轮廓完美，保存完整。该火山口的最大直径为 130 米，深 70 米，东北面有一个缺口，是岩浆溢出的通道。火山口的内壁陡峭（45～70 度），随处都是黑色玄武岩石。火山周围可以见到火山喷发所产生的大量火山灰、火山渣、火山砾、火山弹、火山集块等。登上风炉岭，我们可以远眺火山家族的神奇面貌；下到火山口内，可以查找地下岩浆的通道，体验火山曾经的疯狂。

▲ 风炉岭火山口内的岩浆通道

第二册 雷琼火山群与火山文化

飞向海南

火山口形成的柱状玄武岩

## 5. 玛珥湖型火山口

海口的罗京盘、双池岭与湛江的湖光岩等低平火山口均为玛珥湖型火山口。玛珥湖型火山口是由地下向上运移的炽热岩浆与地层里大量地下水相遇造成水体急剧汽化而产生的剧烈爆炸，爆炸的结果是形成了一个低矮的火山口。这是一种低平的火山口，环绕火山口的是凝灰岩形成的环状火山岩石丘。湖光岩是最典型的玛珥湖型火山口。湖光岩的湖面积约有2.3平方公里，湖水最深达22米。玛珥湖的基底沉积形成细层理发育的纹泥，其中保存有低角度交错层与增生火山砾（火山灰球），是研究玛珥湖的首选地。

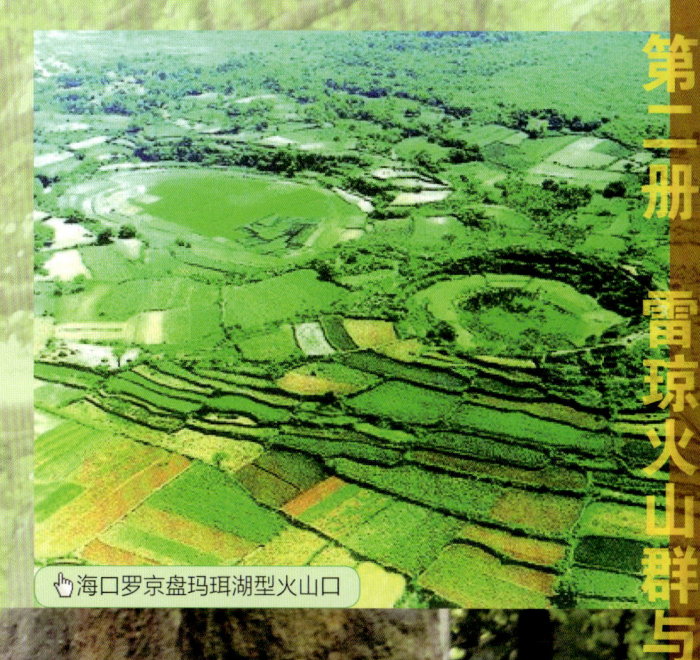

👆 海口罗京盘玛珥湖型火山口

### 链接　低平火山口——玛珥湖

玛珥的英文maar来源于拉丁文mare，即海的意思，是德国人对湖泊、沼泽的称呼。1921年，德国科学家Steininger把maar定义为一种火山类型。玛珥湖是由炙热的岩浆与地下水相互作用发生剧烈爆炸而形成的一个深切到围岩的倒圆锥形火山口，火山口被一个低矮的火山碎屑环所包围。玛珥湖是一个由环形壁、火山沉积物、火山通道所组成的火山地质遗迹。

👆 广东湛江湖光岩玛珥湖

# 6. 岩石的形成与分类

岩石是组成地壳的基本物质。自然界中的岩石奇形怪状，五颜六色，种类众多，让人们难以辨别。为了便于研究，地质学家们把它们归为三大类——岩浆岩（又称火成岩）、沉积岩（曾称水成岩）和变质岩。岩石是由矿物组成的并具有稳定外形的固体，缺少固定外形的液体（如石油、地下水）、气体（如天然气），以及不成形的沙和泥土等都不属于岩石。根据岩石的成因、构造和化学成分，又可以对它们进行详细分类。

## 岩浆岩（火成岩）

岩浆岩也称火成岩，是指由700℃以上高温的熔融状的岩浆冷凝而成的岩石。岩浆喷出地表形成喷出岩或火山岩，在地下缓慢冷凝的则成为侵入岩。侵入岩包括浅成岩与深成岩。前者是岩浆在距离地表约3000～1500米形成的，后者则是在距离地表大于3000米的地壳深处形成的。岩浆岩是硅酸盐岩石，依所含二氧化硅比例分为超基性岩、基性岩、中性岩、酸性岩和碱性岩。岩浆岩通常分为橄榄岩、玄武岩、安山岩、花岗岩、粗面岩、响岩、脉岩及火山碎屑岩八大类。岩浆岩是所有岩石中最原始的岩石，99%的海底岩石是玄武岩，亦称为硅镁层。陆地岩浆岩大多为花岗岩类。现在世界上已经发现700多种岩浆岩。岩浆在冷凝过程中会释放出大量的水分子——水蒸气。水蒸气遇冷变为降雨，形成地球水圈。岩浆岩主要由硅酸盐矿物组成，在地壳中具有一定的产状、形态。许多金属矿产与非金属矿产都与岩浆岩有关，有时它本身就是重要的矿产资源。

花岗岩

### 链接 玄武岩

玄武岩（basalt）属于岩浆岩，是一种基性喷出岩，呈黑色、灰黑色或暗紫色。主要成分是二氧化硅、三氧化二铝、氧化铁、氧化钙、氧化镁，其中二氧化硅的含量在45%～52%。矿物里有碱性长石、辉石、橄榄石及黑色云母等。玄武岩经常具有六方柱状节理，岩石内部具有气孔构造，如果气孔特别发育，则岩石比重小，可以漂浮在水面上，因此也称其为"浮石"。玄武岩分布广泛，是地球上岩石的主要组成物质之一。地球海洋的底部几乎都是玄武岩，从海洋中脊到海底裂谷，几万公里的范围内存在大量玄武岩。玄武岩具有质地坚硬、气孔多、隔音、隔热等特点，可以作为建筑材料，是生产铸石的最好原料。

柱状玄武岩

👆岩浆流动的遗迹

## 链接 玄武岩台地

　　玄武岩台地（又称山前熔岩台地），一般指火山锥体周围地域面积比较广阔，地势比较平缓的地区。玄武岩台地上覆盖着厚厚的玄武岩。火山喷发后，大量的玄武岩岩浆从火山口溢流出来，岩浆黏度小，流动性大，大量溢出地表后，容易形成大规模的熔岩流或熔岩被，但是也会以层状侵入体侵入其他岩体的裂隙中，岩浆流最后在玄武岩台地上完全冷却凝结成岩。位于海口市西南部的石山镇就坐落在玄武岩台地上。

👆石灰岩与珊瑚化石　　　　　　　　　　　👆石灰岩与头足类化石

## 沉积岩

　　沉积岩是地表物质遭受物理风化、生物和火山等外营力作用，经过搬运，沉积在水体（江河湖海）里，以及后期地质作用而固结形成的层状岩石，也称水成岩。沉积岩由颗粒物质和胶结物质组成。前者是不同形状及大小不一的岩屑或矿物，后者主要是碳酸钙、氧化硅、氧化铁及黏土质等。沉积岩按照岩石成因、造岩成分与结构构造等3个因素进行分类。沉积岩有砂岩、砾岩、黏土岩、页岩、石灰岩、白云岩、硅质岩等。沉积岩具有层状结构，层与层的界面叫作层面，通常下面最先形成的岩石比上面岩石的年龄要老。保存在沉积岩里的生物遗骸变成化石，生物化石是判定地层年龄和研究生命演化与古环境的珍贵资料。而在岩浆岩中没有化石存在。在地球表面出露的岩石中有70%是沉积岩，沉积岩中所含有的矿产量占世界矿产蕴藏量的80%。

第二册 雷琼火山群与火山文化

### 变质岩

变质岩是岩浆岩、沉积岩等岩石经受变质作用（如岩浆烘烤）或构造运动所产生的高温和高压，以及热液的影响，改变原来岩石结构或组成成分而形成的新岩石，如石灰岩变成大理岩、页岩变成板岩、砂岩变成石英岩等。根据形成的原因，变质岩可分为5类：动力变质岩、接触变质岩、区域变质岩、混合岩和交代变质岩。根据矿物成分和形态，变质岩可分为13类：板岩类、千枚岩类、片岩类、片麻岩类、大理岩类、石英岩类、长英质粒岩类、斜长角闪岩类、麻粒岩类、铁镁质暗色岩类、榴辉岩类、夕卡岩类、角岩类。

三大岩类可以互相转化。岩浆岩经沉积作用成为沉积岩，经变质作用成为变质岩。变质岩也可再次成为新的沉积岩，沉积岩经变质作用成为变质岩。沉积岩、变质岩可被熔化，再次成为岩浆岩。除了这三大类岩石外，也存在过渡类型的岩石。例如，凝灰岩是由火山灰尘与岩块堆积胶结而成的，常被归于沉积岩或岩浆岩。

岩石在人类起源和演化中成为制造工具的物源。时至今日，人类的衣、食、住、行、游、医都与岩石密不可分。例如，岩石是当今世界矿产资源和能源的载体，是建筑材料、装饰材料、金银珠宝玉器的原材料，工艺美术雕刻的良好石材，也是药用保健的制作原料；大自然的名山大川、奇峰异洞成为旅游资源。研究岩石，探究矿物，可以丰富人们的生活，提高人们的生活质量。

含有和田玉矿脉的变质岩

片麻岩

### 7. 火山与地震

火山爆发时常常伴有地震发生。地震（earthquake）又称地动、地振动。地球上板块与板块之间相互挤压碰撞会积累大量的能量，这些能量通过板块边沿或板块内部的错动与破裂来快速释放，由此引发地震。地震开始发生的地点称为震源，震源正上方的地面称为震中。地震破坏最烈处称为极震区，往往是震中所在地。地震分为构造地震（地质构造活动引发的）、火山地震（火山活动造成的）、塌陷地震[岩石层（特别是石灰岩）塌陷引起的]。发生地震时，除了地震直接破坏，还会伴有海啸、滑坡、地裂缝等次生灾害。

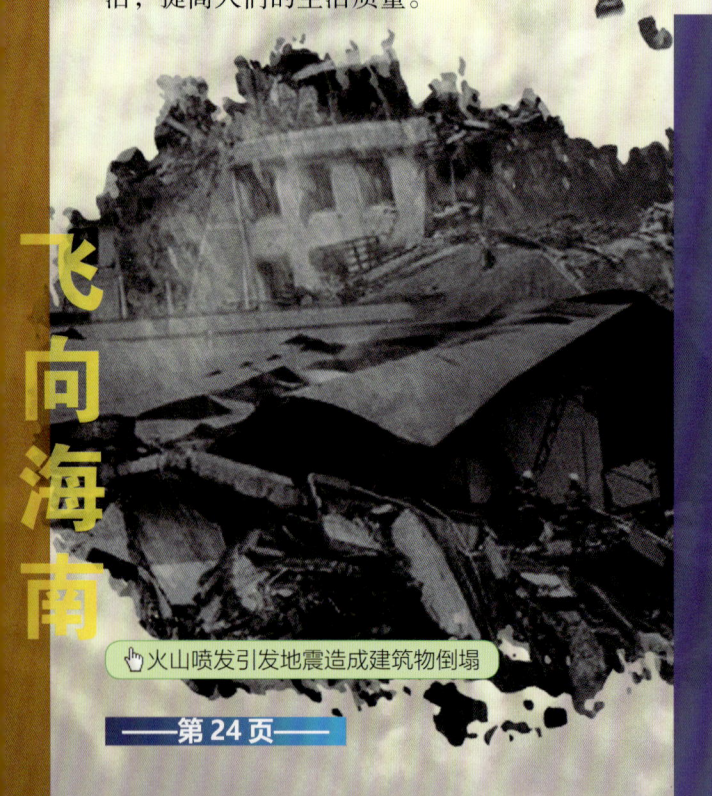

火山喷发引发地震造成建筑物倒塌

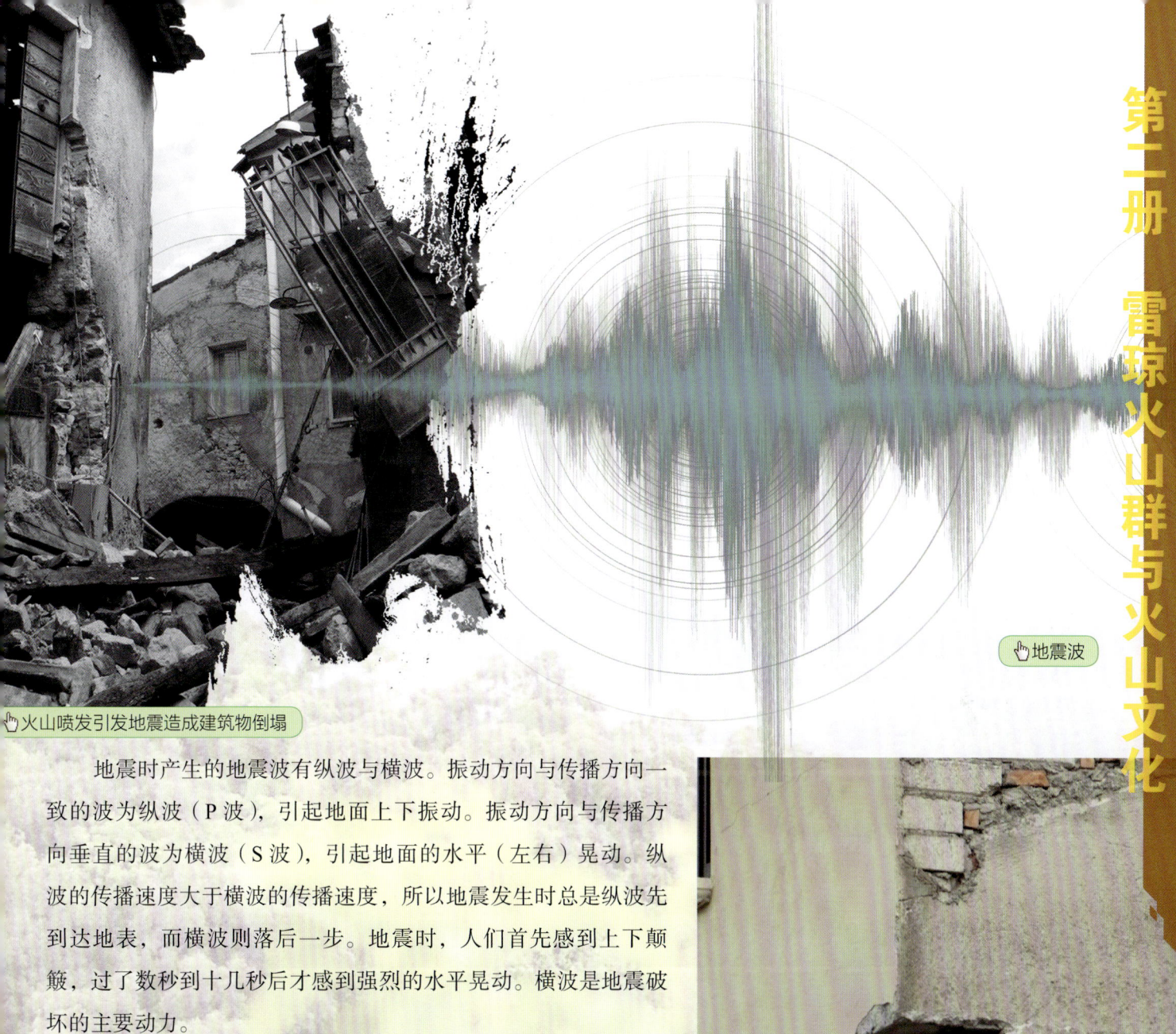

火山喷发引发地震造成建筑物倒塌

地震波

地震时产生的地震波有纵波与横波。振动方向与传播方向一致的波为纵波（P波），引起地面上下振动。振动方向与传播方向垂直的波为横波（S波），引起地面的水平（左右）晃动。纵波的传播速度大于横波的传播速度，所以地震发生时总是纵波先到达地表，而横波则落后一步。地震时，人们首先感到上下颠簸，过了数秒到十几秒后才感到强烈的水平晃动。横波是地震破坏的主要动力。

地震是按照"里氏地震规模"以"级"来表示地震强度。弱震的震级小于3级，有感地震等于或大于3级、小于或等于4.5级，中强震的震级大于4.5级、小于6级，强震的震级大于等于6级，大地震的震级大于等于8级。每年地球上发生数不清次数的地震，每天就可达上万次，但是绝大多数极微小的地震是人们感觉不到的。造成严重危害的地震每年会有一二十次。

地震活动存在活跃期和平静期。活跃期时地震多、震级大，反之，地震少、震级小。两者构成地震活动的周期，可分为几百年的长周期或几十年的短周期。全球85%的地震发生在板块边界上，15%的地震与板块边界关系不明显。地震带是地震集中分布的地带，地震带外的地震分布零散。世界上的地震带包括环太平洋地震带、欧亚地震带、大洋中脊（又称洋中脊、中央海岭）地震活动带及规模较小的大陆裂谷地震活动带。

地震对建筑物的破坏

第二册 雷琼火山群与火山文化

第25页

## 链接 地球与板块运动

地球在自身旋转和环绕太阳的公转过程中，其内部物质也在不停地运动。地球的内部结构分为三个圈层：中心是地核，中间是地幔，外层是地壳。地球的平均半径为6371公里，地壳厚度不均匀，高山地带地壳厚度可达70公里，海洋地带地壳厚度小于10公里。地壳作为岩石圈，也处在不断生成、运动和变化之中，形成地壳的地质构造运动。大陆和大洋的底下属于岩石构成的大板块。大板块之间存在海洋深处大洋中脊的裂口，或者是几千米深的海沟，或者是巨大的断层。板块构造学说在20世纪60年代诞生。

全球有六大板块，即太平洋板块、亚欧板块、美洲板块、印度洋板块、非洲板块和南极洲板块。太平洋板块全部浸没在海洋底部，其余五个板块上有大陆也有海洋。板块沿着地球表面进行旋转运动，即环绕地心轴做旋转运动，符合球面运动原理。用现代空间技术观测到的板块间相对运动速率可以达到每年几厘米。以这个速率计算，在过去的2亿年里，大西洋四周各大陆间的距离至少移动了几千公里。板块的运动和碰撞造成地震和火山爆发，缓慢地改变着地球上的地理格局和地形地貌。例如，印度洋板块和非洲板块发生的张裂致使红海不断扩张；亚欧板块与印度洋板块的挤压碰撞造成喜马拉雅山升高和青藏高原隆起。

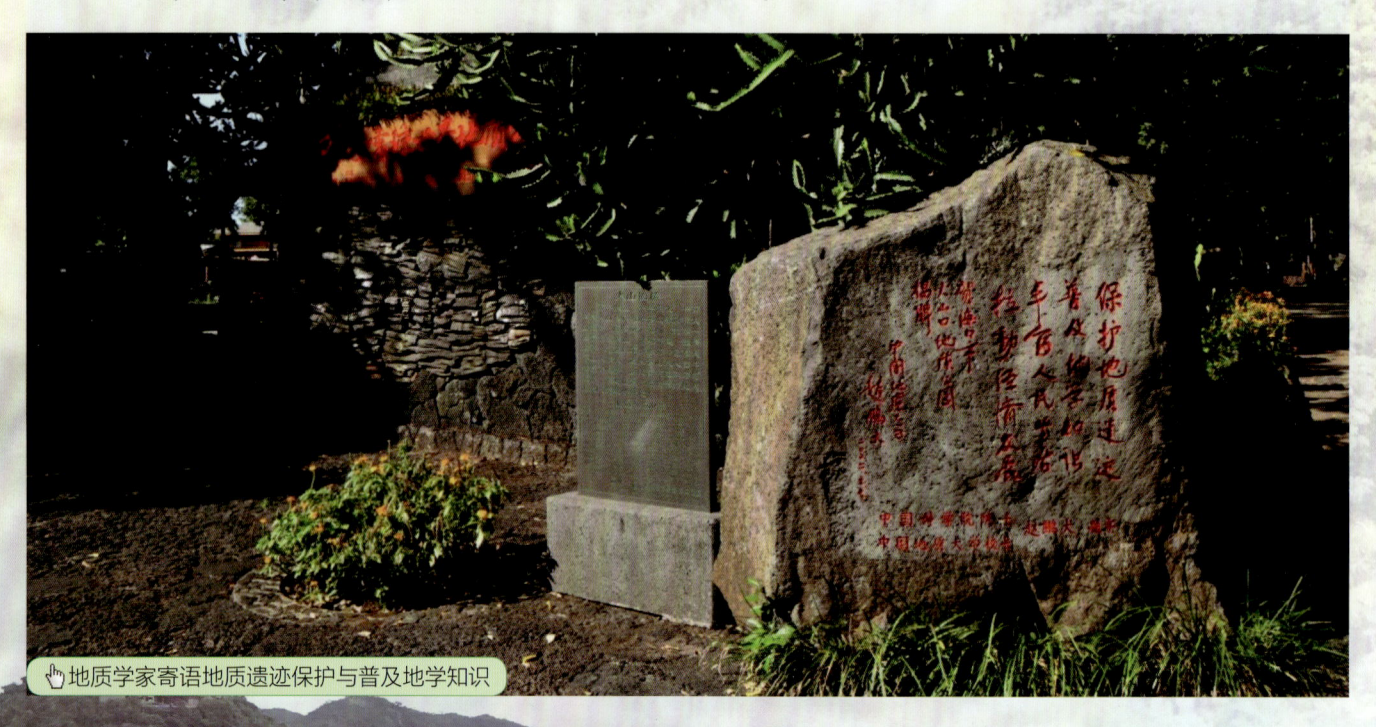

地质学家寄语地质遗迹保护与普及地学知识

飞向海南

火山地貌景观

### 研学小课题

1. 海口石山火山群产生的原因、火山喷发的特征，以及火山活动后对地貌和自然环境的影响。

2. 玛珥湖是怎么形成的？

3. 火山喷出岩的气孔构造是怎么形成的？

## 研学小实践

1. 观察并记录火山的基本形态，认知火山锥、火山口、熔岩台地、熔岩流、熔岩隧道等。

2. 采集10个不同地点的火山岩石样品，观察和认知玄武岩、结壳熔岩的细微结构、表面特征和主要矿物。

3. 通过细微观察火山岩推论火山岩多孔成因及熔岩流流动方向。

4. 概述海口火山的类型。

## 研学小思考

1. 观察不同类型的熔岩构造形态，探讨其形成原因。

2. 火山活动、地震与板块运动的关系。

3. 试论火山岩的开发和利用。

👆海口地区火山制高点

👆玛珥湖沉积层理

第二册 雷琼火山群与火山文化

第27页

# 第二节

# 火山生物

【关键词】 热带果树　热带动物
【知识点】 榕果　气生根　冷血动物

## 研学地点

中国雷琼世界地质公园（海口园区）
石山镇玄武岩台地区域

火山地区植被

老茎结果的波罗蜜

## 研学背景

"海口"意为南渡江入海口处的一块浦滩之地，由海南岛北部陆地、离岛海甸岛与新埠岛组成。海南岛的最长河流南渡江穿过城市中部，向北入海。海口地势平缓，石山镇的风炉岭火山口（海拔222.8米）是全市最高点，此外还有38个山丘高地，其余均为海拔100米以下的台地和平原。海口北部为滨海平原区，中部为沿江阶地区，东部、南部为台地区，西部为典型火山地貌与熔岩台地区。地表分布有第四纪基性火山岩和第四系松散沉积物。

海口属于热带季风海洋性气候，年平均气温为24.3℃，最高平均气温为28℃，最低平均气温为18℃左右。年均降水量为2067毫米，冬无严寒，夏无酷暑，四季常青，舒适宜人。海口绿树成荫，绿化覆盖率达43.5%，是一座富有热带海滨自然风光的滨海城市。

海口地区的野生植物有1900多种，其中海南特有的植物有40多种，国家一级保护植物有苏铁、坡垒、降香等3种；国家二级保护植物有黄檀、粗榧、土沉香、见血封喉等10多种。经济树种有橡胶树、椰子、棕榈、龙眼、荔枝、波罗蜜、咖啡树、黄皮、莲雾等。药用植物有1200多种，包括四大南药（槟榔、巴戟天、益智、砂仁）。此外，还有红树林资源。

海口地区的野生陆栖脊椎动物有199种，其中海南特有的有红胸角雉、山鹧鸪等5种，国家一级、二级重点保护动物有蟒蛇、唐鱼、海南山鹧鸪等13种。

海口附近的海洋鱼类有100多种，如马鲛鱼、黄花鱼、石斑鱼等；虾类有斑节对虾、沙虾、青虾等；蟹类有锯缘青蟹、花蟹、膏蟹、梭子蟹等；头足类与贝类有乌贼、章鱼、鲍鱼、泥蚶、牡蛎等；海藻类有麒麟菜、马尾藻等；海洋药用生物有海蛇、海马、海参、海胆、海星等。

"独木成林"现象

# 研学知识

## 1. 热带植物

### 榕树

在海口的公园和路边经常可以看到大树枝条上长出向下悬垂的一条条"小枝条",这些就是热带地区常见的植物用以呼吸的气生根。当气生根伸长到达地面后就可以插入土中像正常根一样吸收土壤里的养分。气生根继续增粗成为支撑着大树的粗枝,起到支柱根的作用。当一棵大树不断向四周延伸,数不清的粗壮支柱根竖立在散开的树冠下时,就形成一片树林,这就是"独木成林"现象。生长在热带的榕树常常会"独木成林"。

榕属植物的花生于肉质壶形花序托内壁上,形成隐头花序。这种花序的花不容易被发现,开花季节,在叶腋处或在老茎上可以看到隐头花序。榕小蜂是榕树的主要传粉昆虫,隐头花序与传粉昆虫之间专一互惠共生关系是一个研究热点。

中国榕属(*Ficus*)植物有100多种,分布在热带和亚热带地区。无花果(*Ficus carica*)是榕属的模式种,其果实是一种水果,可以做成蜜饯或干果,也有药用价值。榕树的种类不同,结的果实大小不同,能够食用的果实不多。这类果实也被统称为榕果或无花果。

隐头花序及传粉昆虫

隐头花序及小花

## 链接　气生根

广义上说的气生根是指由植物茎或树干上长出的在地面以上暴露在空气中的根。气生根具有呼吸功能，也可以从潮湿的空气里吸收水分。气生根常见于多年生的草本或木本植物。气生根也包括从地下向上长出地面暴露在空气中的根，如红树林的膝状根。

👆 榕树的粗壮气生根

👆 榕树的幼小气生根

## 野菠萝（露兜树、露兜簕）

野菠萝（*Pandanus tectorius*）的果实外形很像热带水果菠萝，这也是它的名字的由来。野菠萝的果实吃起来比较涩，品质较差。

菠萝（*Ananas comosus*）也叫凤梨、露兜子，菠萝的果实是由整个花序发育而成的，叫聚花果，可食用部分主要是肉质增大的花序轴。

野菠萝也叫露兜树、露兜簕，叶片呈条形，叶缘和背面中脉均有粗壮的锐刺。野菠萝的聚花果呈圆球形或长圆形，幼果为绿色，成熟时为橘红色。野菠萝的根系发达，具有多分枝的气生根，可以形成类似榕树的"独木成林"现象。野菠萝的嫩芽可食；鲜花可提取芳香油；叶纤维可编制席、帽等工艺品；根与果实可入药，治疗感冒发热、肾炎、腰腿痛等。

👆 聚花果

👆 野菠萝发达的支柱根

👆 野菠萝

第二册　雷琼火山群与火山文化

第31页

## 2. 热带果树

### 波罗蜜

波罗蜜（Artocarpus heterophyllus）也叫木波罗、树波罗、牛肚子果，是桑科波罗蜜属的常绿乔木。树高 10～20 米，叶为椭圆形，呈螺旋状排列；雌雄同株，花序生长在老茎或短枝上，雄花序有时生于枝端叶腋或短枝叶腋。果实为聚花果，成熟时呈黄褐色，表面有瘤状凸体和粗毛。果肉可鲜食或加工成罐头、果脯、果汁。核果富含淀粉，可煮食。树液和叶可入药，消肿解毒；果肉有止渴、通乳、补中益气的功效。波罗蜜树形整齐，冠大荫浓，是优美的庭院树和行道树。波罗蜜的木材颜色金黄、材质坚硬，可制作家具，也可用作黄色染料。

波罗蜜的果实一般重达 5～20 千克，最重接近 60 千克，其重量对树的承受力是一种考验，不过它长在有足够承受力的树干或粗大枝条上。

花是植物的繁殖器官，一般生长在当年的新枝上，但海南有些乔木的花偏偏生长在粗大枝条和茎干上，形成热带"老茎生花"的现象，这类植物就叫作茎花植物。例如，波罗蜜和可可树等的果实就结在树干上，是"老树结果"的热带特有现象。

对于虫媒植物，花要以醒目的色彩和清晰的位置方便昆虫或其他动物为其授粉或传播种子。在热带地区，植物传粉者主要在林冠下活动，成年老树的枝叶往往高不可及，而老茎上生花无疑最能显露给传粉者，吸引它们光顾，为自己传粉。

波罗蜜树与果实

雄花序

## 荔枝

荔枝（Litchi chinensis）是无患子科荔枝属的常绿乔木，高约 10 米。小叶 2 对或 3 对，披针形为主，全缘，无毛。花序顶生，多分枝；花梗纤细；萼片被金黄色短绒毛；果为卵圆形至近球形，果皮有鳞斑状突起，成熟时为暗红色至鲜红色；种子被肉质假种皮包裹。果肉鲜嫩时呈半透明凝脂状，味香美。荔枝味甘、酸、性温，具有健脾生津、理气止痛的功效。因性热，多食荔枝易上火。荔枝与香蕉、菠萝、龙眼共称"南国四大果品"。

荔枝在我国有悠久的栽培历史，在 2100 多年前西汉司马相如的《上林赋》和东汉杨孚的《异物志》中就有记载。旧称荔枝为"离支"，意思是割去带果的树枝，保鲜期会加长。荔枝原产我国热带地区，海口羊山地区是荔枝原产地之一，也是我国荔枝种质资源库所在地，这里原生荔枝林、古荔枝群落和荔枝古树都很多。最古老的树龄有 800 多年。荔枝花富含蜜腺，是重要的蜜源植物，荔枝木材坚实，深红褐色，纹理雅致，耐腐，历来为上等名材。海口火山地区盛产荔枝，故有火山荔枝之称。

荔枝树与果实

番荔枝树与果实

## 番荔枝

番荔枝（Annona squamosa）属于番荔枝科番荔枝属的落叶小乔木。叶呈椭圆状披针形。花单生或 2~4 朵聚生于枝顶或与叶对生，为青黄色。果实是由多数圆形或椭圆形的成熟心皮相连且易于分开而形成的聚合浆果，呈圆球状或心状圆锥形，无毛，黄绿色。番荔枝是热带著名水果，因其外形类似荔枝，故名"番荔枝"。但是番荔枝的果要比荔枝大很多。番荔枝的别名有释迦果、赖球果、佛头果等，属于新兴热带水果，口感好，品味独特，颇受人们欢迎。

☜ 人工培育的火龙果

☜ 红心火龙果（哥斯达黎加量天尺）

## 量天尺（火龙果）

火龙果（*Hylocereus undatus*）是仙人掌科量天尺属量天尺种的栽培品种。火龙果为商品名，因其外表肉质鳞片像龙的鳞片而得名。量天尺植物也称三棱箭、三角柱、霸王鞭、龙骨花、火龙果等。该植物为攀缘肉质灌木，茎具3棱，棱扁，边缘波浪状，深绿至淡蓝绿色；叶片退化，由茎承担光合作用。花漏斗状，萼状花被片黄绿色，线形至线状披针形，瓣状花被片白色，长圆形至倒披针形，花丝黄白色，花柱黄白色，浆果红色，长球形，果肉白色、红色。种子倒卵形，黑色。量天尺植物喜光耐阴、耐热耐旱、喜肥耐瘠，在海南等地逸为野生，借气根攀缘于树干、岩石或墙上。量天尺的花大，花香四溢，盆栽作为观赏植物有传递吉祥之意，故被称为"吉祥果"。量天尺原分布于中美洲至南美洲，世界各地广泛栽培，我国引种栽培5种。

## 洋蒲桃（莲雾）

洋蒲桃（*Syzygium samarangense*）又称莲雾，是桃金娘科乔木，嫩枝压扁；叶片呈椭圆形至长圆形；叶柄极短；聚伞花序顶生或腋生，花为白色，花瓣为圆形；萼筒为倒锥形，雄蕊多数；果实为梨形或圆锥形，肉质感，呈洋红色，顶部凹陷，有宿存的肉质萼片；种子为1颗。在台湾，莲雾被誉为"水果皇帝"。莲雾性味甘平，有润肺、止咳、祛痰、凉血、收敛等药用价值。莲雾还可以作为菜肴，淡淡的甜味中带有苹果般的清香。莲雾树形优美，可以用作园林绿化树种。

飞向海南

☜ 洋蒲桃的果实

◉ 石山壅羊

## 3. 热带动物

### 石山壅羊

　　石山壅羊为海口石山地区养殖的黑山羊，中等体形，毛色乌黑发亮；角和蹄也为黑褐色；面平，耳尖竖立，颌下有须，颈细长；背腰平直，臀部狭小倾斜，胸狭小，腹部大而不垂。

　　海口石山镇属于热带气候，全年日照长，雨水充沛，火山岩石分解形成肥沃土壤，丘陵中灌丛草木丰茂，天然饲料充足，成为养殖山羊的特殊区域，因而此地有"羊山"的别称。"羊山"养羊，羊食灌木嫩叶，饮山间泉水，培育出优质山羊，肉鲜美、富含微量元素。

　　清代《琼州府志》记载："壅羊是以小羊为栏棚畜之，足不履地，采草木叶以饲之，肥而多脂，味极美。"海南饲养壅羊，已有千年历史，主要在琼北火山岩地区，农户将断乳的黑山羊圈养在石头垒起的羊圈里，故被称作为"石山壅羊"。"壅"即堵塞的意思，而"壅羊"则是指在小空间里饲养羊。石山壅羊为目前海南黑山羊保持的最原始母本，是黑山羊中的珍稀品种之一。

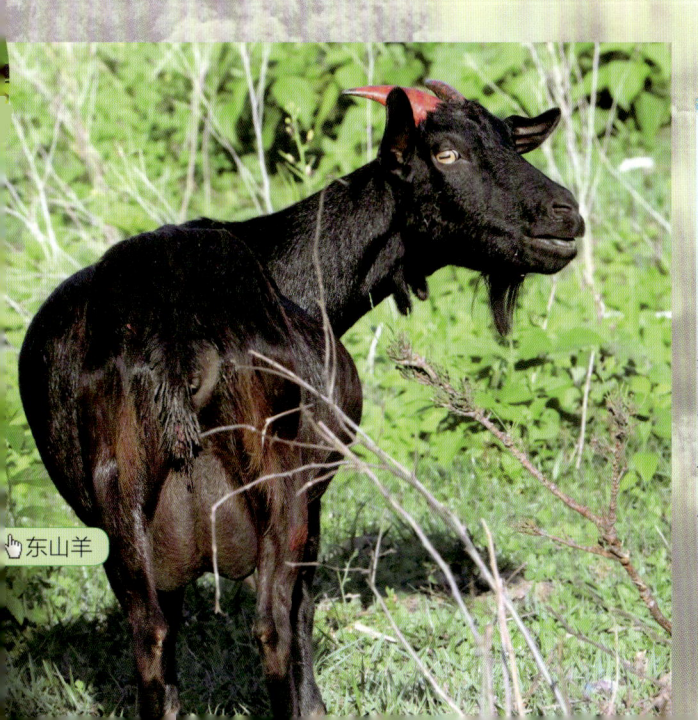

### 链接 东山羊

　　东山羊为海南岛万宁地区养殖的黑山羊。万宁属于热带季风气候，特别适宜东山羊的生长。东山羊中等体形，耳小而直立，羊角呈外八字形，面平额小而稍凸，颈部细长，背部平直，胸深宽，腰紧凑，腿肌发达，蹄质坚实，毛色纯黑油亮。在海南岛多种植物资源之中，有各种适宜山羊食用的药用植物、乔灌木植物，特别是东山羊喜爱吃的鹧鸪茶及加墨刺、猪肚刺、红叶刺等藤本植物，成为滋养东山羊的特有食物，产出鲜美的羊肉。早在唐代，东山岭上就有百姓饲养羊群。东山羊自宋朝以来就享有盛名。东山羊饮崖间泉水，栖于岩洞中，大量繁殖。

◉ 东山羊

第 35 页

## 海南山鹧鸪

海南山鹧鸪（Arborophila ardens），羽色美丽，头部的额、颊、眉纹等处均为黑色。眉纹上方有白点，形成一条白纹延伸至后颈。耳羽白色，前颈及颈侧基部呈淡橙红色，具黑斑。上体呈橄榄褐色，具黑色横斑。双翅沾栗棕色。上胸呈橙红色，下胸呈灰色，两胁呈灰色，腹羽为棕白色。

海南山鹧鸪栖息在山地和丘陵地带的山地雨林、沟谷雨林和常绿林中。它以灌木和草本植物的叶、芽和种子为食，也会吃昆虫和蜗牛等小型动物。每日早晚鸣叫，叫声洪亮，能够传到几公里之外，属于鸟中声音之王。每到繁殖季节，雄鸟就会高声鸣叫，以示占领区域。

海南山鹧鸪是中国特产雉类，仅分布于海南省，是国家一级重点保护野生动物。海口石山地区的热带雨林和山地常绿林是海南山鹧鸪的栖息地，亟待人类保护好生态环境，维系其生存和繁衍。

## 变色树蜥

变色树蜥（Calotes versicolor）属于有鳞目蜥蜴亚目鬣蜥科树蜥属的爬行动物。它的头较大，略圆，吻端钝圆、吻棱明显，眼睑发达，眼四周有辐射状黑纹，喉囊明显，鼓膜裸露，无肩褶。体背鳞片具棱呈覆瓦状排列，背鳞尖向后，背正中有一列侧扁而直立的鬣鳞。身体呈浅棕色，背面有黑棕横斑，尾具有深浅相间的环纹。四肢发达，前后肢有五指（趾），均具爪。头体长度在10厘米左右，尾长是头体长的3倍。在生殖季节，雄性变色树蜥头部甚至背面为红色。

变色树蜥

飞向海南

### 赤腹松鼠

赤腹松鼠（*Callosciurus erythraeus*）又称红腹松鼠。体长约20厘米，尾较长，若连尾端毛在内几乎等于体长。吻较短。前足裸露，掌垫2枚，指垫4枚；后足蹠部裸出，跖垫2枚，趾垫5枚。乳头2对。栖息于热带与亚热带森林中，喜欢群居。通常晨昏活动频繁，多半在树上，善于攀登跳跃，寻觅食物，有"飞鼠"或"镖鼠"之称。被列入《国家保护的有益的或者有重要经济、科学研究价值的陆生野生动物名录》。

海南山鹧鸪

其身体颜色可随环境的干湿及光线强弱而发生变化。

蜥蜴类没有恒定体温，属于变温动物。它们多栖息在热带与亚热带地区的山地、平原和丘陵等地带，喜欢生活在稀疏树林、灌木丛、山坡草丛、河边等地，爬行时常扬起头，能从一根树枝上跳跃至另一根树枝上。它们捕食蜘蛛、蝗虫、蚂蚁、蝇、蟋蟀等昆虫及其幼虫。依靠卵生繁衍后代，卵为椭圆形，呈黄白色。后代雌雄的性别确定与其出生的环境温度有关联。它们具有肢体再生和修复的本领。

赤腹松鼠

第二册 雷琼火山群与火山文化

第37页

👆 南滑蜥

## 链接　南滑蜥

南滑蜥属于蜥蜴亚目石龙子科滑蜥属的爬行动物，栖息于亚热带平原和山区交界处的温暖潮湿草丛、落叶堆中。南滑蜥吻端圆钝，无上鼻鳞；2枚前额鳞相接；背鳞等于或大于侧鳞；体侧黑纵纹宽且明显，从眼区延伸至后肢。四肢侧偏，趾长明显大于掌长。头体长4~5厘米，尾长7~8厘米。系卵胎生。

## 链接　冷血动物

冷血动物也称为变温动物或外温动物，是随环境温度来调节体温的动物。其体温不恒定，随着环境温度变化而变化。例如，蛇、鳄鱼等属于变温动物。它们早上需要晒太阳以使体温升高，或者通过活动来调节体温。

飞向海南

## 裳凤蝶

裳凤蝶（Troides helena）是凤蝶科裳凤蝶属的大型凤蝶。身体分为头、胸、腹三部分，具有三对足和两对翅。雄蝶前翅面天鹅绒呈黑色，脉边有灰色条纹；后翅面呈金黄色，有相连的锐三角形黑色缘斑。雌蝶个体大于雄蝶的个体，前翅面与雄蝶相似，但金黄色后翅面多1列亚缘斑。裳凤蝶飞翔速度较缓，平展两翅，姿态优美，后翅黄色斑纹在阳光下金光闪闪，显得华贵优雅。裳凤蝶的生活史包括四个阶段：卵、幼虫、蛹和成虫。美丽的裳凤蝶属于成虫阶段的形态。成虫羽化刚出来时翅膀较柔软，约1小时后，开始扇动双翅慢慢飞翔起来。成虫平时活动较少，中午前后特别是晴天飞翔取食较多，常常吸食蜜源植物上的花蜜。裳凤蝶属于《国家重点保护野生动物名录》中的二级保护动物。在海南火山地区等蜜源植物丰富的地方可以见到裳凤蝶的身影。

裳凤蝶

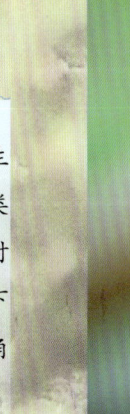

### 链接　蝶与蛾的区别

蝶、蛾是近亲，长相类似，身体结构相同，生命周期的各个形态都相似。两者的区别在于：蝶类多在白天活动，蛾类习惯在夜晚活动；蝶类休息时四翅合拢竖立于背上，蛾类则是后翅被盖在前翅下面，平铺在身体两边；蝶类触角呈棒状，蛾类触角呈羽状。

斑蝶

天南星科的海芋

## 研学小课题

1. 番荔枝和荔枝有什么不同？

2. 比较野菠萝和菠萝的异同。

3. 无花果真的没有花吗？

4. 如何区分蝶与蛾？

5. 试分析松鼠与家鼠的异同。

飞向海南

**研学小实践**

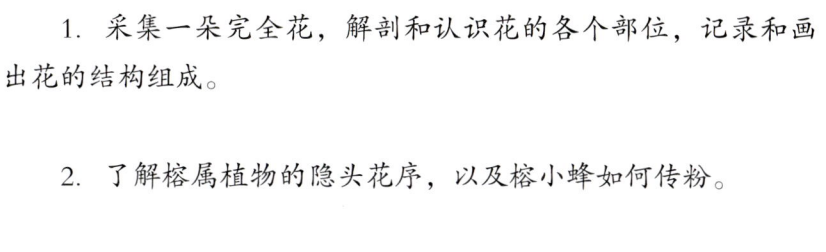

1. 采集一朵完全花，解剖和认识花的各个部位，记录和画出花的结构组成。

2. 了解榕属植物的隐头花序，以及榕小蜂如何传粉。

3. 分析波罗蜜、火龙果和荔枝果实中含量最高的三种元素。

4. 了解荔枝果实的构造，可食用的是果实的哪一部分。

榕树与它的气生根

**研学小思考**

1. 石山鹩羊与东山羊有什么不同？

2. 部分热带水果长在树干上的原因。

3. "独木成林"现象的原因与过程。

第二册 雷琼火山群与火山文化

第41页

## 第三节

# 火山村与火山文化

【关键词】 火山村　图腾　石器
【知识点】 古村落　崇拜

### 研学地点

海口市石山镇火山文化村

儒豪村的石拱门——豪贤门

飞向海南

第42页

## 第二册 雷琼火山群与火山文化

民居房梁上镌刻着的火山图腾

儒豪村清代的安华楼

## 研学背景

在距今8100年前后，海口地区最后一次火山活动慢慢平息。火山地区布满斑驳的熔岩流将古老的时光凝固下来，被火山摧毁的植被慢慢恢复繁盛，动物们也从岛屿南部迁徙到琼北地区。琼北地区再次呈现一派生意盎然的景象。

大约在3000年前，琼北地区已经有人类活动了，移居到琼北火山地区的人们在这里垦荒种地，放养牲畜，种植果木，搭建石屋。他们凭借辛勤劳作和聪明智慧开创了新天地与新生活。在这大约1000平方公里的琼北火山地区，先民与火山岩石相依相伴，向石头索要生活和生产物资，发展了经济，积淀了民俗风情，形成了独特的火山文化。

一方水土养一方人。坚硬的石头给先民们带来种种不便，限制了行走空间和发展领域，缺少足够的土壤。但是，岩石也锻炼了先民们的顽强毅力，淬砺了他们的坚忍意志，造就了他们的优秀品格。生活在火山地区的人们充分利用火山岩石建造石屋、打制与磨制各种生活器皿，以及制作生产工具，将火山灰转变成肥沃的土壤，再加上热带气候，所有这些条件促使火山地区人民运用智慧，创造出特有的生活生产方式和社会文明。

第43页

火山石建设的房屋　　　　　　　　　　　　　火山村口的大树与村民

## 研学知识

### 1. 火山村

  土地是最宝贵的资源，连续数年、数十年甚至上百年的火山活动过去后，大片荒芜的火山岩地面可以重新规划和开发用于种植农作物和蔬菜水果。大量的火山灰是至好的肥料。生命的无限活力将重新塑造一个美好的未来。

  琼北与琼西火山地带的古老的火山石村落就是先民利用火山岩石所创建的生活居所。这些村落不仅是先民的生活场所，而且是石山文化精美艺术品的博物馆。走进海口石山镇火山地区的古村落就仿佛走进了石头世界。村门、围墙、道路、民房、庙宇、雕像、牌坊、碑刻、用具，都是火山岩"奉献"的石头制造的。这些村落展示了古代建筑的风貌和风格，保留了独特的民俗民风，蕴含着历史风韵。这些村落散布在青山绿水之中，与大自然融为一体，虽然经历了岁月的磨炼，但依旧保持活力，向世人讲述着风云变迁、沧海桑田的故事。

  在火山村人民的充满智慧和耐心的手工制作中，坚硬黝黑的石头像变魔术一样地变成了生活用具和生产工具，以及各种石制部件，完成了从粗糙冰冷的石头向精细温情的制件的转变。漫山遍野的石头被赋予活力与特有的文化品位。就连石头垒起的羊圈都非常巧妙，羊能够进去，但是不能够自己出来。因此主人不需要担心羊会走丢。儋州和洋浦一带的渔民用石头围起捕鱼的"冲"，渔民们只管等到海水退潮时，便可来收获大海"奉献"的丰富海产品。

飞向海南

第44页

## 第二册 雷琼火山群与火山文化

### 龙群村

海口市以火山群闻名，石山镇则以龙群村著称。

龙群村恰如其名。这个清朝古村，绿荫环抱，阡陌交错，稻谷飘香。火山岩铺成的村道、修建的古屋，古朴秀丽，风姿独具。在村口，从火山岩缝隙中长出的古树粗壮茂盛，苍翠挺拔，犹如腾空俯首的巨龙。一束束阳光从枝叶间透过，形成五彩斑斓的光斑。村前的一泓清池水静似镜。在这古老村庄的宁静之中，人们可以触摸到大自然的脉动，感受到曾经的火山气息，品味古人留下的人文情怀，探知历史脉络的起伏跌宕。

### 儒豪村

位于中国雷琼世界地质公园（海口园区）西面不远的儒豪村虽然只有不到50户人家，200多位居民，却是琼北地区最富有的村庄之一。这个小村庄是火山石文化建筑的典型代表。村口的小广场北端建有一个高出地面不到一米的小舞台，舞台后面是一座村民聚集休闲的公屋，许多长寿老人常常聚在这里闲聊。村口广场南端是一座建于明清时代的村子的最高建筑——安华楼，旁边是一座石拱门——豪贤门，这些都是用火山岩建成的。

儒豪村坐落在石山火山群熔岩流形成的台地上，村庄内的道路直接建在火山熔岩流之上，走在街上，脚下的火山痕迹历历在目。全村的房屋都是用火山岩石搭建而成的石屋，人们用火山石块从下而上一排排整齐排列，不用砂浆，构成严丝合缝的墙体。虽然没有使用黏合材料，但石块间彼此紧密结合，这就是用古时候的干垒法搭建的房屋。从光线较暗的屋里向外看，墙壁石块间的微细缝隙成为室外光线射进屋内的秘密通道。玄武岩石块富含气孔构造，为石屋冬暖夏凉创造了条件。

火山村里的巷道

儒豪村是一个充满火山石制品的神奇世界。篱笆、院子里的石磨、水缸、石凳、盆碗等都是用火山岩石制成的，彰显了人们的动手能力，凝聚了人们的智慧。

像儒豪村这样碑檐高跷、路窄屋高、古院深深、文化底蕴深厚的完整古村落在石山镇地区保存着十几个，如荣堂村和典读村等。这些以儒、豪、道、美、雅、读等字命名的村落已经成为不可多得的自然与文化遗产，亟待有效保护和提升，使其发挥更大的社会作用。

👆 火山村内的道路与建筑物

## 2. 图腾：火与山的崇拜

在火山村玄武岩石块建造的房屋里，粗壮的木制立柱顶部有多个横梁衔接。在横梁端部都会有一个图腾标识。那是一个艺术象形字，像一个气势蓬勃的"火"字，又像高耸入云的"山"形，更有顶天立地的"人"的韵味，三者融汇为一体，大气磅礴，成为琼北火山地区先民的图腾。

这个"火-山-人"的图腾是古人对火和山的崇拜。火山活动剧烈时，火势猛烈、岩浆喷发，火就主宰了一切。因为驾驭不了火势、控制不了火山爆发，人类只有逃离家园来躲避灾祸。山是火势的见证和永久记忆。火山活动造就了山地、丘陵和台地。坚硬的岩石给人类提供了重新生活的载体。古代人民渴望火和山作为保护神保佑风调雨顺、人丁兴旺、生产发达、生活安稳、家业顺畅。

飞向海南

👆 火山石搭建的墙与门

第46页

## 链接 图腾与崇拜

"图腾"来自印第安语 totem，原意是它的亲属、它的标记。在古代原始部落里，人们认为自己源于大自然的某种动植物或者自然现象，与它们具有亲缘关系，因此信仰和崇拜这些动植物与自然现象，或是信仰和崇拜有血缘关系的亲属与祖先等，相信它们有超自然能力来保护自己。这些信仰物就成为本部落、本氏族的象征，也就是图腾。

图腾是被人格化的崇拜对象。原始部落对大自然的崇拜是图腾产生的物质基础。这些崇拜现象一旦成为图腾，就变成了表述族群来源的神话、代表氏族和部落的标识。古人用上几代亲属的称呼作为图腾的名字，也就是家族群体之名称。这个群体的成员都是由图腾繁衍而来的。随着社会的发展，人类逐渐认识到自己与兽类之间存在很大差异，不可能由图腾产生人类，图腾由此也变成了保护神的代名词。

图腾崇拜对象包括动植物、非生物及自然现象，其中以动物为主。这是因为古人不理解人类繁衍的真谛，认为本氏族祖先与某种动植物（特别是与动物）有密切关联，其祖先就是动植物图腾的化身或转世。与动物相比，古人不具备动物的某些功能，如不会像鸟一样飞翔、不能像鱼一样游泳等，只好将动物放在崇拜对象的第一位。

图腾产生于母系氏族生产力低下的时期，人类以采集和渔猎为主，不具备支配自然的能力，以图腾作为祖先繁衍本氏族。到了父系氏族时期，生产力提高，人类逐步摆脱了图腾的束缚。图腾信仰和崇拜是人类历史上最古老、最奇特的文化现象，如今只保留为图腾文化。

传说，在上古时代，黄帝打败神州大地上的各个部落，准备实现统一。当时各部落都有自己的图腾，飞鸟禽鱼不一而足。为了统一认识和信仰，黄帝取各个部落图腾的一部分融合造就了"龙"的图腾，将各个部落归入这个图腾，共创华夏文明。作为古老原始的宗教形式，统一图腾信仰也就意味着同源共祖，也是最早的社会组织的标志和象征，对氏族内部团结和实行氏族以外的婚制具有重要意义。

火山村房梁上的图腾图案

## 3. 火山岩石器物

琼北方圆百里区域内可以利用的自然资源最多的就是火山岩石，特别是玄武岩。生活在这里的海南岛先民发挥聪明才智，就地取材，利用火山石制作各种工具和生活器物。

火山石石磨

### 水缸和水盆

在我国其他地区，水缸多是陶制品。水缸的外形像一个倒圆锥形，下部被横切成底面，上口径大，底部直径小。水缸容积古时以"石"（dàn）为标准，有五石缸、七石缸之分。水缸通常会放置在灶房内或屋檐下，挑水注缸，储水做饭，或者接纳雨水作为生活所需水源。

石山镇地区的水缸和水盆都是用火山石制作成的。在火山地区，水是异常宝贵的生活必需资源，用来收集和存储生活用水的水缸是当地人每时每刻都离不开的生活用具。在石山镇地区，家庭拥有的水缸数量代表着富有的程度，水缸成为家庭财富的象征。水盆也是当地家家户户必备的生活用品，可用来洗衣、洗菜、饮牲口。与水缸制作方法一样，水盆都是用整块的玄武岩从中间掏空，外面可以是圆形或六边形，只是底部要凿穿一个洞，以便放掉用过的脏水。

用石头制作水缸或水盆绝不是一件容易的事情。人们要先将一块巨大的玄武岩磨制成水缸或水盆状，然后再把里面的岩石小心翼翼地凿空，需要消耗很多的时间和精力，且不能有任何一点闪失。一旦出现裂纹，就会前功尽弃。

### 舂米臼

在农耕阶段，人类把稻谷去壳成稻米最早是采用舂米的办法。舂出来的稻壳就是米糠，剩下的就是米粒。舂米工具需要有一个棒槌、一个盛器。用棒槌砸稻谷，就能够把米糠砸掉。盛器通常是一口石臼。石山村的石臼由一大块火山石凿成，直径在 70～80 厘米。石臼内凿有螺纹。石臼埋在地下，臼口露出地面。在石臼上面，架着用长木做成的"碓"身，"碓"头下面有杵杵，杵嘴子上安了铁牙。"碓"肚的中部、两边有支撑翘动的横杆，"碓"尾部正对的地下挖一个深坑。当把重心移到"碓"尾并将其向坑里踩压下去时，"碓"头就抬起来，然后舂下去，再抬起来，再舂下去，如此机械地重复，便是舂米。舂米过程比较简单，主要是个力气活。每舂一臼稻谷，少说也要舂三百多下，舂米人通常会累得汗流浃背。古代石山人使用的舂米臼保存到今天依然完好无损，是难得的珍贵文物。

舂米臼

飞向海南

### 石磨

汉代之前，人们称磨为"硙"，到了汉代才称作"磨"。石磨是古人不可或缺的生活用具。在石山镇地区，家家户户都有石磨，院子里有各种式样、大小不一的石磨。石磨一般以人力或畜力为动力，但采用水动力或风动力推动石磨的效率会更高。

石磨是由两块尺寸相同的扁圆柱形石块和磨盘组成的。石磨一般是架在石头做成的基座上。接面粉或汁液的磨盘在下部，磨盘上摞着磨的下扇和上扇（即两个形状一样的扁圆柱形石磨）。下扇磨固定为不转动盘，上扇磨为转动盘。大磨的上扇磨有两个磨眼，小磨的上扇盘有一个磨眼，通过磨眼向磨里提供漏下的粮食。两扇磨之间有一个磨脐子（即铁轴），防止石磨转动时掉下来。两扇磨的接触面上都錾有整齐排列的磨齿，当谷物、豆类从磨眼进到两个磨盘之间后，随着上扇盘的转动，谷物等沿着纹理向外运移，同时被转动的磨盘磨碎成面粉或磨出汁液。

大磨直径在 1.2 米左右，小磨直径在 40 厘米左右。大磨多用于磨粮食，小磨可以用手摇动磨花椒面等，此外还有磨豆腐汁和煎饼糊子的水磨等。石山镇人用石磨碾磨糯米，制作出各种味美香甜的米饼黏食、糯米果等。碾磨火山黑豆制出来的石山豆腐独具特色。碾磨芝麻、花生、豆类，可以获取油类和汁类液体，以及制作芝麻饼、花生饼等甜美食品。

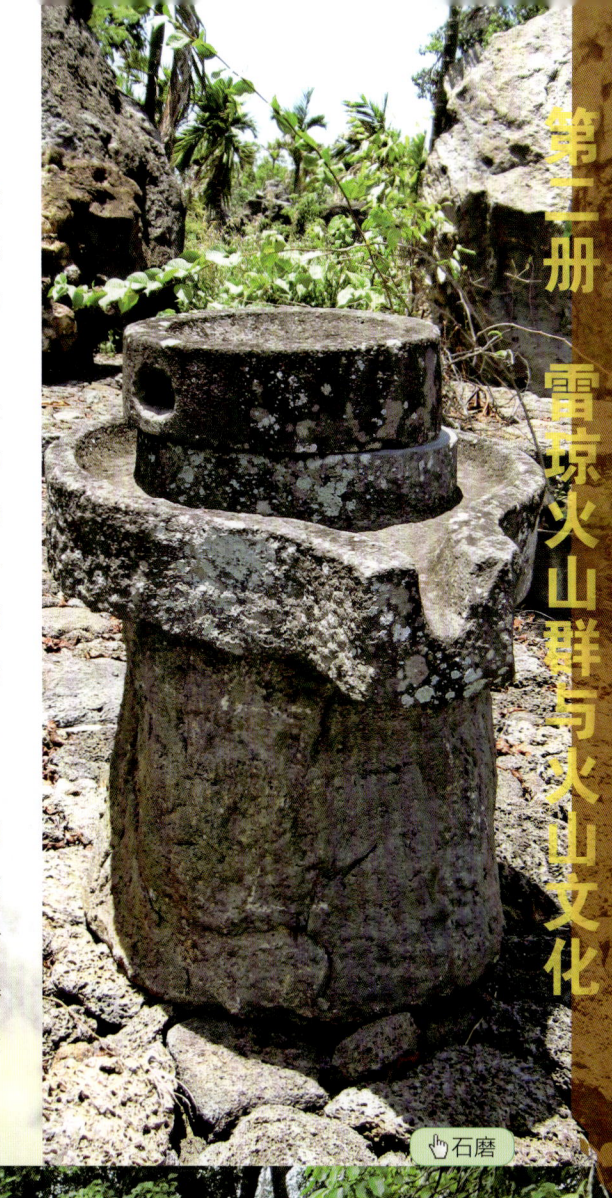

石磨

### 甘蔗榨汁器

甘蔗榨汁器的体积很大，主要由两个类似齿轮的石制圆柱相互咬合而制成，通过长长的木柄推动两个石柱相向转动。此时将甘蔗从两个石柱间挤压而过，榨出的糖汁会流到收集盆内，为制作蔗糖提供了原料，榨过的甘蔗可以用作牛羊等家畜的饲料。这种独具一格的石制榨汁器在其他地区罕见，是十分宝贵的历史文物。

甘蔗榨汁器

## 柱础

柱础，承柱的础石，柱下的基础，是房屋建筑的一种构件，俗称磉盘或柱础石。它位于房屋木立柱的基部，是承受屋柱压力的奠基石。最早利用柱础，是为了将柱身所承载的负荷通过比木立柱截面积大的柱础给予分担，增强柱基承压力。由于石质柱础较木柱防潮性好，且柱础高出地面，可以保证木柱基部不会受潮腐烂，且能够避免木立柱基部被碰坏，因此石质柱础被广泛应用。础与柱子之间常有"踬"相隔，以隔断地下湿气渗入木柱，且能够随时抽换。

柱础经历了三个变化阶段：第一阶段，柱础埋在地下。早期，古人多以木柱下铺垫卵石为础，且卵石埋在地下不易被看见，或者用一块大石头置于地下，也是为了防止柱子下沉。最早的柱础发源于3000多年以前的商代。第二阶段，柱础升到地面以上，且由整块的石头制成。大约到了秦朝的时候，人们发现埋在地下的木柱容易潮湿腐烂，便把石块提升到地面之上，成为木柱基部之下的可见部分，确保木柱基部不被地下水气所腐蚀。第三阶段，在础石上安装柱座，雕工在础石上精工细雕，呈现小到房屋、大到宫殿的石雕艺术之美。

柱础外形经历了由圆柱与圆鼓形，向细柱形，再向扁圆形、莲瓣形、方形的变化过程。柱础结构由简单向复杂发展，即由单层式柱础（包括鼓式、覆盆式、铺地莲花式、兽式等）向多层式柱础（由不同的单层式柱础重叠而成，分为顶、肚、腰、脚四部分）发展。柱础的花纹雕饰由质朴到华丽，被饰以花鸟鱼虫、风土民情等吉祥图案。

火山地区天气炎热，降水量大，木质建材容易受潮和遭受霉菌的损坏。古人在建造房屋时多采用玄武岩制作的柱础，以避免地下湿气的危害，保证房屋的安全。大量保留下来的柱础形状各异。有的柱础基部为方形，面积较大，与地面接触，上部是圆柱，顶面凹坑，刚好与木立柱的基部形状和大小相吻合。于是房屋建筑的木立柱通过石柱础间接与地面接触，既维系木柱的支撑功能，又保护木柱基部不受损坏，可见石山人之聪明智慧。

火山石柱础

### 火山浮石

火山岩石中的浮石，或称多孔玄武岩，是由火山爆发后的火山玻璃、矿物与气泡共同形成的多孔形石材，含有钠、镁、铝、硅、钙、钛、锰、铁、镍、钴、钼等几十种矿物质和微量元素，不具有放射性，但是具有远红外电磁波。这种上万年以前的石头可以作为人体保健的材料。用这种火山石制作的磨脚石含有多种对人体有益的矿物质。《本草纲目》中记载有："海中有浮石，轻虚可以磨脚，煮水饮之止渴。"用火山磨脚石摩擦脚部，可以预防和治疗多种脚部疾病，还能对脚部穴位起到按摩作用，加速体内微循环，解除疲劳，促进人体新陈代谢。

**研学小课题**

1. 试描述火山石建筑的特点。

2. 用实例和图片说明建造房屋的干垒方式，试分析干垒方式的优缺点。

3. 简述柱础的作用。

房屋立柱坐落在火山石柱础上

**研学小实践**

1. 测量一个石磨、石盆或柱础，简单绘制出它的结构图。

2. 探究石制榨汁器的结构与原理。

3. 亲手用火山浮石制作一块磨脚石，送给亲人，并向他们讲述火山活动与火山石的形成。

**研学小思考**

1. 在现代社会经济飞速发展的前提下，石山地区古村落的存在价值是什么？

2. 比较火山图腾与龙图腾，"火－山－人"的图腾给你什么启示？

3. 如何开发火山石的经济价值？